Disney · PIXAR

COCO

MO… TOIRE
…ir

l'histoire du film

hachette
JEUNESSE

Miguel a appris à jouer de la guitare en cachette. Pour s'exercer, il regarde les films de son idole, le chanteur Ernesto de la Cruz. Seul son ami Dante, un chien des rues, connaît son secret.

Plus tard, Miguel rêve de devenir comme Ernesto.
Mais s'il n'en a pas encore parlé à sa famille,
c'est parce que chez lui, la musique est interdite !
Abuelita, sa grand-mère, ne supporte
pas les musiciens.

Tout est de la faute de l'arrière-arrière-grand-père de Miguel. Il était lui-même musicien et il a abandonné son épouse, Imelda, et leur fille, Coco. Aujourd'hui, Coco est devenue une vieille dame que Miguel adore.

À la veille du *Día de los Muertos*, le jour des Ancêtres, Miguel décore l'*ofrenda*, l'autel de la maison, avec Abuelita. Elle lui rappelle qu'il doit honorer Mamá Imelda, qui a dû fabriquer des chaussures pour nourrir les siens.

Après le départ d'Abuelita, Dante casse accidentellement le cadre de Mamá Imelda. En dépliant la photo, Miguel y découvre un homme dont le visage a été déchiré. Il a la même guitare qu'Ernesto de la Cruz !

– Papá ! s'écrie Mamá Coco en le reconnaissant. Miguel est l'arrière-arrière-petit-fils de son idole ! Aussitôt, il prend sa guitare et rejoint sa famille. Mais dès qu'elle voit l'instrument, Abuelita le brise en deux.

Sous le choc, Miguel se réfugie au cimetière, dans le caveau d'Ernesto. Là, il décroche la guitare de son héros et en joue. À cet instant, il quitte le Monde des Vivants pour celui des Ancêtres !

Soudain, un groupe entoure Miguel :
ses ancêtres l'ont reconnu.
– Allons voir Máma Imelda ! s'écrient-ils.
Elle saura quoi faire.
Avec Dante, Miguel les suit et emprunte
le pont qui relie les deux Mondes.

En effet, Imelda connaît le moyen
de faire rentrer Miguel :
– Tu as besoin de la bénédiction d'un de tes
ancêtres pour retourner dans le Monde des Vivants.
Je te l'accorde… si tu ne joues plus jamais
de musique !

Miguel refuse. Il s'enfuit et rencontre Héctor,
un musicien qui le maquille en squelette
pour qu'il passe inaperçu. Héctor va aussi l'aider
à retrouver Ernesto de la Cruz :
avec sa bénédiction, Miguel pourra rentrer !

Mais une fois en présence d'Ernesto,
Héctor s'énerve :
– On travaillait ensemble autrefois !
Jusqu'au jour où j'ai voulu retourner
auprès de ma famille. Là, tu m'as empoisonné
pour me voler mes chansons !

Démasqué, Ernesto fait jeter Miguel et Héctor dans un puits.

– Je m'efface, remarque tristement Héctor, parce que ma fille, Coco, m'oublie…

– Tu es le père de Mamá Coco, mon arrière-grand-mère ! réalise alors Miguel.

Heureusement, Dante a guidé Imelda jusqu'au puits. Elle délivre Miguel et Héctor, qui révèle à son épouse pourquoi il n'est jamais rentré. Ils se réconcilient et Imelda accorde à Miguel sa bénédiction. Hélas, Héctor va disparaître...

De retour parmi les Vivants, Miguel saisit la guitare d'Héctor et court rejoindre Coco pour lui jouer une chanson de son père. Ça marche : Coco se souvient de son papá ! Héctor est sauvé et la musique est revenue dans la famille.

Près de 100 histoires
pour s'endormir en douceur.

Mise en page : Célia Cousty
Traduction et adaptation : Emmanuelle Caussé

Édité par Hachette Livre – 58, rue Jean Bleuzen – 92178 Vanves Cedex – Imprimé par Macrolibros en Espagne
Achevé d'imprimer : novembre 2020 – ISBN : 978-2-01-705151-0 - Édition : 07 - Dépôt légal : juin 2018
Loi n°49-956 du 16 juillet 1949 sur les publications destinées à la jeunesse.

Pour tout renseignement concernant nos parutions, nous contacter par téléphone au 01 43 92 38 88 ou par e-mail : disney@hachette-livre.fr

Pour l'éditeur, le principe est d'utiliser des papiers composés de fibres naturelles, renouvelables, recyclables et fabriquées à partir de bois issus de forêts qui adoptent un système d'aménagement durable. En outre, l'éditeur attend de ses fournisseurs de papier qu'ils s'inscrivent dans une démarche de certification environnementale reconnue.